Gabriel Guarnieri

São Francisco Xavier

Novena e biografia

Citações bíblicas: *Bíblia Sagrada*, tradução da CNBB, 7. ed. 2008.

Editora responsável: *Andréia Schweitzer*
Equipe editorial

1ª edição – 2017
1ª reimpressão – 2018

Nenhuma parte desta obra poderá ser reproduzida ou transmitida por qualquer forma e/ou quaisquer meios (eletrônico ou mecânico, incluindo fotocópia e gravação) ou arquivada em qualquer sistema ou banco de dados sem permissão escrita da Editora. Direitos reservados.

Paulinas
Rua Dona Inácia Uchoa, 62
04110-020 – São Paulo – SP (Brasil)
Tel.: (11) 2125-3500
http://www.paulinas.org.br – editora@paulinas.com.br
Telemarketing e SAC: 0800-7010081
© Pia Sociedade Filhas de São Paulo – São Paulo, 2017

Introdução

Várias vezes escutei o eco das palavras ainda vivas e fortes na memória dos meus confrades xaverianos, lembrando uma meditação que o então Cardeal Giovanni Battista Montini, futuro Papa Paulo VI, fez na comunidade de Désio, Milão, na Itália, na festa de São Francisco Xavier, no dia 3 de dezembro de 1959. Quem lá estava nunca esqueceu. O tema era: "Xavier: homem de muitos desejos e de oração". O Cardeal, abordando este tema, se inspirou, como ele mesmo disse, no trecho de um relato escrito por Francisco Palmio, companheiro de quarto de Xavier na cidade de Bologna, durante a viagem a Roma em 1537. Fazendo um simples retrato de São Francisco Xavier, ele dizia que *"Fuit vir desideriorum et multæ orationis"* – "Era um homem de desejos e de muita oração". Pensando bem, o desafio de harmonizar e orientar os desejos, a obediência, o desprendimento, a ousadia, o espírito de oração sempre fez e faz parte da nossa vida de consagração missionária; de fato, alimenta a nossa conversão permanente e o nosso crescimento espiritual como discípulos de Cristo e mensageiros do Evangelho do Reino.

Por outro lado, a escolha de interpretarmos a biografia e a personalidade de Francisco Xavier, simplesmente no sentido de que ele soube e conseguiu muito bem assimilar, valorizar e testemunhar o caminho e a atitude do "desapego", talvez possa não ser totalmente satisfatória. O retrato de Xavier, realmente, não nos levaria somente a recordar um homem santo que, sem sensibilidade e sem aspirações pessoais, vivia ao extremo a capacidade de obedecer aos superiores como um instrumento passivo e mecânico, sem iniciativas nem desejos.

Justamente naquela meditação, o então Cardeal Montini mostrava a presença e o significado das duas realidades na vida do apóstolo como se fossem faces da mesma medalha: se, por um lado, São Francisco Xavier é o defensor e o autor com credibilidade de uma das mais belas meditações sobre os princípios característicos da espiritualidade, que, pelas pregações e pela educação, visava à nobreza da "indiferença" e do "desapego", por outro lado, e ao mesmo tempo, a vida de São Francisco Xavier é um maravilhoso exemplo e testemunho do verdadeiro significado da valorização da liberdade cristã e da audácia apostólica.

Xavier se tornou modelo da liberdade interior e da obediência ao Reinado de Deus, e também protótipo do missionário "além-fronteiras", capaz de ousadia e de criatividade. Podemos lembrar-lhe a obediência no dia do envio para as missões, também a força em planejar as viagens missionárias, a coragem nas decisões difíceis e a "parresia" com a qual conversava com o rei de Portugal em favor dos pobres. Ele foi de fato um homem que vivia o desprendimento das próprias vontades pessoais e das próprias ações apostólicas; ao mesmo tempo, era corajoso, com uma postura original, de iniciativa pessoal, buscando a novidade da missão na santidade e, de reflexo, a santidade na novidade da missão, pronto a ousar cada vez mais vivendo o princípio do *magis*. Foi, portanto, o "*vir desideriorum!*", um missionário tão livre que se podia prender totalmente ao serviço de Deus (cf. 1Cor 9,19). Paradoxalmente, porque viveu desapegado a Cristo, Cristo prendeu-o; é somente pelo desapego que podemos viver como missionários pertencendo a Cristo.

Por isso, o então Cardeal Montini indicava São Francisco Xavier como modelo para nossa formação missionária *ad vitam*, *ad extra*, *ad gentes*, *in communio*, e dizia: "Tudo isso (ou seja, a necessidade de sermos e vivermos o desprendimento – indiferença) é verdadeiro e ao mesmo tempo é, também, verdadeiro que para sermos autênticos discípulos de Cristo e autênticos missionários precisamos ser pessoas que sabem, entretanto, desejar. A questão está em dirigirmos os desejos para o objeto que merece ser desejado, e vocês sabem que esta meta é o Reino dos Céus, é o Reinado de Cristo, é a amizade com o Senhor, a urgência de glorificarmos a majestade de Deus e o Reino dele com a nossa vida; é o amor pela Igreja, pelas almas, na história da Salvação que brota do encontro da humanidade com o Verbo Encarnado, com o Deus que se fez carne [...]. Nós, então, com corações decididamente livres, podemos viver a 'santa indiferença' recusando todo desejo que não é Deus; e, ao mesmo tempo, com corações corajosamente capazes, podemos desejar Deus e tudo aquilo que Deus nos proporciona como sendo amável, realizável, desejável. Nesse sentido, a definição dada a São Francisco Xavier, de ser o homem de muitos desejos, com certeza pode muito bem se aplicar à nossa alma e, melhor ainda, à nossa educação".

Talvez esteja aqui o segredo da missão: viver o desapego com um coração cheio de desejos e viver os desejos com um coração cheio de desapego.

Esta novena dedicada a São Francisco Xavier foi concebida na intenção de que as famílias se reúnam e rezem pelas vocações missionárias, pois, como se sabe, um grupo de pessoas clamando por um mesmo pedido confere mais força à prece realizada.

Como ressaltou o Papa Francisco, sobretudo os jovens, "inclusive pela sua idade e a visão do futuro que se abre diante dos seus olhos, sabem ser disponíveis e generosos". Assim, o dia 3 de março e o dia 3 de dezembro, como Dia Missionário Além-fronteiras, podem ser datas especialmente significativas "para deixar-se surpreender pela chamada de Deus, acolher a sua Palavra, pôr os passos da vida nas pegadas de Jesus, na adoração do mistério divino e na generosa dedicação aos outros". Propomos, então:

- 3 de março – Terço, ou Missa, ou Adoração, ou Celebração da Palavra com a distribuição dos livretos, na paróquia, na comunidade, na Igreja. Em seguida, novena de 4 a 12 de março.
- 3 de dezembro – Terço, ou Missa, ou Adoração, ou Celebração da Palavra, e festa de São Francisco Xavier, na paróquia, na comunidade, na Igreja, abençoando as famílias que fizeram a novena nas casas do dia 24 de novembro ao dia 2 de dezembro.

Traços biográficos de São Francisco Xavier

Francisco Xavier nasceu na região de Navarra, na Espanha, no dia 7 de abril de 1506. Os pais eram nobres e ele era o caçula de cinco filhos. Francisco viveu uma infância feliz. A família era rica, coesa e muito religiosa. Infelizmente, durante a guerra entre Espanha e França, o castelo de Xavier foi destruído, o pai morreu e os irmãos mais velhos partiram para lutar contra a dominação espanhola. Mesmo nessa situação de dor, Francisco se tornou um jovem forte, cheio de vivacidade e de inteligência e conseguiu ajudar a mãe na administração dos negócios da família. Quando a guerra terminou, Miguel de Xavier, o irmão mais velho, voltou para casa e assumiu a liderança da família, e Francisco, com 19 anos, viajou para Paris para estudar na melhor universidade da época. Foi onde encontrou os amigos que marcaram a vida dele: Pedro Fabro e Inácio de Loyola. Francisco terminou o curso de Filosofia e começou a lecionar, sempre escutando as palavras do amigo Inácio, que lhe dizia: "Mestre Francisco, de que vale ganhar o mundo inteiro se vier a perder a tua alma?". De fato, a mensagem e o exemplo de Inácio conquistaram o coração de Francisco para o seguimento radical de Jesus Cristo, a tal ponto que ele aceitou formar com Inácio e outros cinco amigos uma verdadeira fraternidade de vida. O plano desse grupo era simples: ir até Jerusalém com a intenção de levar aos muçulmanos um verdadeiro testemunho de pobreza e de entrega a Deus. O grupo, por causa das circunstâncias militares e políticas da época, não conseguiu realizar a peregrinação à Terra Santa e, por isso, decidiu dirigir-se ao Papa com o intuito de se colocar à disposição na obediência. Nasceu, assim, a Companhia de Jesus, os jesuítas. Na festa de São João, em 1537, em Veneza, Xavier e os seus companheiros foram ordenados sacerdotes. Francisco ficou doente por causa do excesso de trabalho e do serviço nos hospitais e assumiu a função de secretário de Inácio em Roma. Um dia Inácio chamou-o e lhe disse: "Francisco, o rei de Portugal está pedindo ao Papa dois de nós para serem enviados à Índia. Escolhemos Rodrigues e Bobadilha, mas este, agora, ficou doente. Então, esta é a tua empresa!". Xavier respondeu na hora: "Estou pronto!". Xavier foi de Roma a Lisboa a pé a fim de embarcar para as Índias em 7 de abril de 1541. No dia 6 de maio de 1542, ele chegou a Goa, na costa ocidental da Índia, depois de uma viagem de 13 meses. O desejo de viver o Evangelho da encarnação causou na missão de Francisco uma atitude de grande compaixão, de solidariedade com todos, principalmente com presos, leprosos. Ele descobriu nos pobres o rosto de Deus vivo. Depois de poucos anos na Índia, Francisco deixou aquele país e viajou para a Malásia e, na cidade de Malaca, rejeitando as melhores ofertas de hospedagem, foi morar numa cabana, ao lado do hospital. Começou a testemunhar o Evangelho da Missão pela sua atividade pastoral de cuidar dos doentes, catequizar as crianças e adultos, batizar e confessar. Mais uma vez a postura e o coração de Francisco ganharam a amizade daquele povo, e até os muçulmanos passaram a chamá-lo de "padre santo". De Malaca, cidade da Malásia, Xavier viajou para as ilhas Molucas, na atual Indonésia, e nas ilhas de Moro passou três meses visitando todos os cristãos. Em nenhuma outra parte teve tantas alegrias quanto naquelas ilhas. De volta a Goa, na Índia, Francisco planejou outra viagem, ainda mais ousada: ir até o Japão. Em 1549, desembarcou nesse país. Nessa nova terra, tornou-se discípulo antes de ser apóstolo: o "conquistador das almas" deixou espaço ao "hóspede na casa do outro". Mais uma vez o testemunho dele acabou conquistando, também, o coração do povo japonês. Depois de dois anos no Japão, Francisco decidiu regressar à Índia, deixando naquele país dois companheiros e várias comunidades cristãs já formadas. A missão é algo dinâmico, surpreenden-te, e Xavier tinha planos para anunciar o Evangelho na China. No final de agosto de 1552, chegou à ilha de Sanção, a 10 km da costa chinesa, com a vontade firme de prosseguir até a China. Um contraban-dista aceitou levá-lo clandestinamente até o continente, mas desapareceu depois de ter recebido o dinheiro. Depois disso, Xavier caiu doente. Com a desejada meta diante dos olhos, morreu na manhã do dia

3 de dezembro de 1552, longe de todos, numa pobre cabana. Em 12 de março de 1622, Francisco Xavier foi declarado santo junto com Inácio de Loyola. Em 1917 se tornou padroeiro de todas as missões católicas junto com Santa Teresinha do Menino Jesus. Surgiram, também, várias congregações missionárias no mundo inteiro inspiradas no testemunho dele. Em 3 de dezembro de 1895, São Guido Maria Conforti fundou em Parma, na Itália, os Missionários Xaverianos, que têm como objetivo continuar a missão de São Francisco Xavier *ad gentes*, *ad extra*, *ad vitam*, *in communio*: discípulos de Cristo, missionários a serviço do Reino para fazer do mundo uma só família e para fazer da congregação uma família para o mundo.

Orações fixas

Oração inicial

Ó Deus, que pela pregação de São Francisco Xavier conquistastes para vós muitos povos do Oriente, concedei a todos os fiéis o mesmo ardor missionário, para que a Santa Igreja possa alegrar-se com o nascimento de novos filhos em toda a terra. Por nosso Senhor Jesus Cristo, vosso Filho, na unidade do Espírito Santo.

Oração de agradecimento

Ó Deus, nosso Pai nos céus, vós que criastes a humanidade para ser uma grande Família no amor; vós que enviastes o vosso Filho amado como Mestre, Senhor da história e Senhor da nossa vida; vós que nos concedestes a força da Comunhão e da Unidade, da Luz e da Caridade do e no Espírito Santo; vós que edificastes a Igreja acolhedora, santa, vocacional e missionária sobre o alicerce dos apóstolos e o sangue dos mártires; vós que nos chamastes e nos convidastes como instrumentos, colaboradores e amigos do vosso Reino... nós vos agradecemos pela vida, pelo testemunho, pelo exemplo de fidelidade e de santidade, pelo ardor missionário de São Francisco Xavier, padroeiro das Missões e apóstolo do Evangelho. Nós vos agradecemos pelos missionários e missionárias que, continuando o legado dele, tiveram e têm como riqueza, desejo, urgência e felicidade a vocação religiosa e missionária aquém e além-fronteiras. Com gratidão e humildade vos pedimos: suscitai tantas e santas vocações missionárias no Brasil e no mundo, padres, irmãs, leigos engajados, famílias missionárias; fortalecei e aumentai a perseverança de todos os religiosos e as religiosas, abençoai e protegei as obras de solidariedade em nossas paróquias e cidades; fortalecei e acompanhai todos os benfeitores que com alegria ajudam os missionários. Maria, Mãe de Deus, Mãe da Igreja, nossa Mãe nos céus, protegei-nos em nossa vocação e intercedei em favor da nossa missão. Amém.

Ladainha de São Francisco Xavier

D.: São Francisco Xavier, missionário por amor a Deus

T.: Rogai por nós, intercedei a Deus por nós.

D.: São Francisco Xavier, missionário por amor ao próximo

T.: Rogai por nós, intercedei a Deus por nós.

D.: São Francisco Xavier, digno apóstolo do Evangelho da Missão

T.: Rogai por nós, intercedei a Deus por nós.

D.: São Francisco Xavier, transformado pela Palavra de Deus

T.: Rogai por nós, intercedei a Deus por nós.

D.: São Francisco Xavier, homem de Deus na santidade e servo da Igreja na fidelidade

T.: Rogai por nós, intercedei a Deus por nós.

D.: São Francisco Xavier, missionário e cópia fiel de Jesus Cristo

T.: Rogai por nós, intercedei a Deus por nós.

D.: São Francisco Xavier, contemplativo na caridade e na união com Deus

T.: Rogai por nós, intercedei a Deus por nós.

D.: São Francisco Xavier, discípulo do Reino na obediência e na humildade

T.: Rogai por nós, intercedei a Deus por nós.

D.: São Francisco Xavier, missionário além--fronteiras, "formado segundo o coração de Cristo" nas dificuldades e nos sofrimentos

T.: Rogai por nós, intercedei a Deus por nós.

Pai-Nosso, Ave-Maria, Glória (10 vezes).

Oração final

São Francisco Xavier, padroeiro das missões e irmão dos missionários, amigo dos que precisam de ajuda e santo cheio de sincera caridade e de grande zelo apostólico, contigo queremos adorar a Deus Pai, porque nos alegra a memória dos dons especiais da divina graça com que foste enriquecido nesta terra e da glória que recebeste depois da morte. Queremos dar graças ao Senhor Jesus Cristo por tudo isso e, confiantes no poder e na luz do Espírito Santo Consolador, pedimos que intercedas por nós e nos alcances a graça de (*fazer o pedido*).

Se o que pedimos agora não é para maior glória de Deus e para o bem da nossa alma e das almas, alcança-nos o que for melhor para a nossa santidade e para a santidade dos povos da humanidade.

São Francisco Xavier, rogai por nós, para que sejamos discípulos de Jesus Cristo e mensageiros do Evangelho do Reino, testemunhas vivas de uma Igreja vocacional, fraterna, acolhedora e missionária.

D.: Agradecendo a acolhida (*nomear a família*) nesta Novena Vocacional Missionária dedicada a São Francisco Xavier, estivemos reunidos: em nome do Pai, do Filho e do Espírito Santo.

T.: Amém.

D.: Vamos em paz e que o Senhor nos ilumine e nos acompanhe.

T.: Graças a Deus!

PRIMEIRO DIA

São Francisco Xavier: missionário por amor a Deus

(*A família da primeira casa acolhedora dá as boas-vindas.*)

D.: Nesta Novena Vocacional Missionária dedicada a São Francisco Xavier, estamos reunidos: em nome do Pai, do Filho e do Espírito Santo.

T.: Amém.

D.: O Senhor esteja convosco.

T.: Bendito seja Deus que nos reuniu no amor de Cristo.

"A minha incapacidade é grande, mas Deus Pai é todo-poderoso e por isso coloco somente nele a minha total confiança" (tradução livre de palavras de São Francisco Xavier).

Oração inicial

Ver página 16.

Salmo 117,1-2

R.: Louvem a Deus, o Senhor, todas as nações!
1. Que todos os povos o louvem.
2. O seu amor por nós é forte.
3. Sua fidelidade dura para sempre.

Evangelho – Mc 16,14-20

Por último Jesus apareceu aos onze discípulos enquanto eles estavam à mesa, comendo. Ele os repreendeu por não terem fé e por teimarem em não acreditar no que haviam contado os que o tinham visto ressuscitado. Então ele disse: "Vão pelo mundo inteiro e anunciem o Evangelho a todas as pessoas. Quem crer e for batizado será salvo, mas quem não crer será condenado. Aos que crerem será dado o poder de fazer estes milagres: expulsarão demônios pelo poder do meu nome e falarão novas línguas; se pegarem em cobras ou beberem algum veneno, não sofrerão nenhum mal; e quando puserem as mãos sobre os doentes, estes ficarão curados". Depois de falar com eles, o Senhor Jesus foi levado para o céu e sentou-se do lado direito de Deus. Os discípulos foram anunciar o Evangelho por toda parte. E o Senhor os ajudava e, por meio de milagres, provava que a mensagem deles era verdadeira.

(*Momento de silêncio, ou de partilha, ou de orações livres.*)

Espiritualidade de São Francisco Xavier

"Quem pensar, desejando compreender a significativa vida do grande Apóstolo das Índias, que São Francisco Xavier foi todo de Deus, ao zelar pela glória do Pai, tudo do próximo, ao procurar a salvação deste, e tudo de si mesmo, ao trabalhar pela própria santificação, julga bem e com justiça. Sabemos que a santidade tem por fundamento o amor a Deus, sendo este o primeiro e o maior dos preceitos, a chama que vivifica a nossa vida cristã. E se na terra houver santo que tenha rivalizado com os mais elevados Serafins, sem dúvida é São Francisco Xavier. Desde o dia de sua conversão até o último dia de sua existência aqui na terra, ele cresceu continuamente na caridade, haja vista seus êxtases, seus arrebatamentos, sua contínua união com Deus, suas incessantes fadigas para tornar conhecido e amado nosso Senhor Jesus Cristo, seu contínuo aspirar a coisas cada vez maiores, cada vez mais de Deus" (São Guido Maria Conforti, bispo e fundador dos Missionários Xaverianos).

Oração de agradecimento

Ver página 16.

Ladainha de São Francisco Xavier

Ver página 18.

Compromisso missionário

Realizar a coleta solidária para as missões além-fronteiras.

Definir a casa da família onde se dará o próximo dia da novena.

Oração final

Ver página 20.

SEGUNDO DIA

São Francisco Xavier: missionário por amor ao próximo

(A família da segunda casa acolhedora dá as boas-vindas.)

D.: Nesta Novena Vocacional Missionária dedicada a São Francisco Xavier, estamos reunidos: em nome do Pai, do Filho e do Espírito Santo.

T.: Amém.

D.: O Senhor esteja convosco.

T.: Bendito seja Deus que nos reuniu no amor de Cristo.

"Eu obedecerei ao chamado de Deus e estou preparado e pronto a tudo, e com a maior alegria do meu coração vou viver a minha missão para a salvação das almas" (tradução livre de palavras de São Francisco Xavier).

Oração inicial

Ver página 16.

Salmo 73,23-28

R. Como é bom, ó meu Senhor, estar perto de ti!

1. Eu estou sempre contigo, ó meu Senhor, e tu me seguras pela mão. Tu me guias com teus conselhos e no fim me receberás com honras.

2. No céu somente eu tenho a ti, ó Senhor; que mais poderia querer na terra? Ainda que a minha mente e o meu corpo enfraqueçam, Deus é a minha força, ele é tudo o que sempre preciso.

3. Quanto a mim, como é bom estar perto de Deus! Faço do Senhor Deus o meu refúgio e anuncio tudo o que ele tem feito.

Evangelho – Jo 15,1-11

Jesus disse: "Eu sou a videira verdadeira e o meu Pai é o lavrador. Todos os ramos que não dão uvas ele corta, embora eles estejam em mim. Mas os ramos que dão uvas ele poda a fim de que fiquem limpos e deem mais uvas ainda. Vocês já estão limpos por meio dos ensinamentos que eu lhes tenho dado. Continuem unidos comigo e eu continuarei unido com vocês. Pois, assim como o ramo só dá uvas quando está unido com a planta, assim também vocês só podem dar fruto se ficarem unidos comigo. Eu sou a videira e vocês são os ramos. Quem está unido comigo e eu com ele, esse dá muito fruto porque sem mim vocês não podem fazer nada. Quem não ficar unido comigo será jogado fora e secará; será como os ramos secos que são juntados e jogados no fogo, onde são queimados. Se vocês ficarem unidos comigo, e as minhas palavras continuarem em vocês, vocês receberão tudo o que pedirem. E a natureza gloriosa do meu Pai se revela quando vocês produzem muitos frutos e assim mostram que são meus discípulos. Assim como o Pai me ama, eu amo vocês; portanto, continuem unidos comigo por meio do meu amor por vocês. Se obedecerem aos meus mandamentos, eu continuarei amando vocês, assim como eu obedeço aos mandamentos do meu Pai e ele continua a me amar. Eu estou dizendo isso para que a minha alegria esteja em vocês e a alegria de vocês seja completa".

(*Momento de silêncio, ou de partilha, ou de orações livres.*)

Espiritualidade de São Francisco Xavier

"E verdadeiramente com o amor a Deus, crescia sempre mais em São Francisco Xavier o amor aos irmãos. Queria reconduzir à casa do Pai Celeste todos os que se desviaram do caminho e conquistar, para o Evangelho, todos os homens. Por isso, abandona a Pátria, aventurando-se em longas viagens por terra e mar e percorre, palmo a palmo, imensas terras, para anunciar a todos a Boa-Nova. Os perigos de todo tipo, as perseguições, as privações, as fadigas, as intempéries, as dores físicas e morais, ao invés de resfriarem, acendem mais o zelo do apóstolo. Aliás, perante este feixe de cruzes, exultante repete, com santa alegria: "*Plura, Domine, plura!*" – "Mais, Senhor, ainda mais!". Tudo isso nos revela a fecundidade de seu apostolado, que conquistou para o Evangelho milhões de almas, como dons extraordinários com que o Senhor quis honrar seu servo, para chancelar, junto aos povos, a missão deste" (São Guido Maria Conforti, bispo e fundador dos Missionários Xaverianos).

Oração de agradecimento

Ver página 16.

Ladainha de São Francisco Xavier

Ver página 18.

Compromisso missionário

Realizar a coleta solidária para as missões além-fronteiras.

Definir a casa da família onde se dará o próximo dia da novena.

Oração final

Ver página 20.

TERCEIRO DIA

São Francisco Xavier: digno apóstolo do Evangelho da Missão

(*A família da terceira casa acolhedora dá as boas-vindas.*)

D.: Nesta Novena Vocacional Missionária dedicada a São Francisco Xavier, estamos reunidos: em nome do Pai, do Filho e do Espírito Santo.

T.: Amém.

D.: O Senhor esteja convosco.

T.: Bendito seja Deus que nos reuniu no amor de Cristo.

"A ausência da cruz da nossa missão é ausência da Vida" (tradução livre de palavras de São Francisco Xavier).

Oração inicial

Ver página 16.

Salmo 34,1-8

R.: Eu sempre darei graças a Deus, o Senhor.

1. O seu louvor estará sempre em meus lábios. Eu o louvarei por causa das coisas que ele tem feito; os que são perseguidos ouvirão isso e se alegrarão. Anunciem comigo a sua grandeza, louvemos juntos ao Senhor!

2. Eu pedi a ajuda do Senhor e ele me respondeu, ele me livrou de todos os meus medos. Os que são perseguidos olham para ele e se alegram: eles nunca ficarão desapontados.

3. Eu, um pobre sofredor, gritei: o Senhor me ouviu e me livrou das minhas aflições. O anjo do Senhor fica em volta daqueles que o "temem e os protege do perigo".

Evangelho – Mt 25,31-46

Jesus terminou dizendo: "Quando o Filho do Homem vier como Rei, com todos os anjos, ele se sentará no seu trono real. Todos os povos da terra se reunirão diante dele e ele separará as pessoas umas das outras, assim como o pastor separa as ovelhas das cabras. Ele porá os bons à sua direita e os outros à esquerda. Então o Rei dirá aos que estiverem à sua direita: 'Venham, vocês que são abençoados pelo meu Pai! Venham e recebam o Reino que o meu Pai preparou para vocês desde a criação do mundo. Pois eu estava com fome, e vocês me deram comida; estava com sede e me deram água. Era estrangeiro e me receberam na sua casa. Estava sem roupa e me vestiram; estava doente e cuidaram de mim. Estava na cadeia e foram me visitar'. Então os bons perguntarão: 'Senhor, quando foi que o vimos com fome e lhe demos comida ou com sede e lhe demos água? Quando foi que vimos o Senhor como estrangeiro e o recebemos na nossa casa, ou sem roupa e o vestimos? Quando foi que vimos o Senhor doente ou na cadeia e fomos visitá-lo?'. Aí o Rei responderá: 'Eu afirmo a vocês que isto é verdade: quando vocês fizeram isso ao mais humilde dos meus irmãos, foi a mim que fizeram'. Depois ele dirá aos que estiverem à sua esquerda: 'Afastem-se de mim, vocês que estão debaixo da maldição de Deus! Vão para o fogo do inferno, preparado para o Diabo e os seus anjos! Pois eu estava com fome e vocês não me deram comida; estava com sede, e não me deram água. Era estrangeiro e não me receberam na sua casa; estava sem roupa e não me vestiram. Estava doente e na cadeia, e vocês não cuidaram de mim'. Então eles perguntarão: 'Senhor, quando foi que vimos o Senhor com fome, ou com sede, ou como estrangeiro, ou sem roupa, ou doente, ou na cadeia, e não o ajudamos?'. O Rei responderá: 'Eu afirmo a vocês que isto é verdade: todas as vezes que vocês deixaram de ajudar uma destas pessoas mais humildes, foi a mim que deixaram de ajudar'". E Jesus terminou assim: "Portanto, estes irão para o castigo eterno, mas os bons irão para a vida eterna".

(Momento de silêncio, ou de partilha, ou de orações livres.)

Espiritualidade de São Francisco Xavier

"E, enquanto trabalhava continuamente pela salvação das almas, nada perdia de sua união com Deus. Em meio às mais graves e variadas dificuldades, encontrava tempo para todas as obras de piedade, procurando sempre alimentar o próprio espírito. De todas as provações e contrariedades, aliás, retirava e extraía continuamente a força e a energia para novas labutas, visando à salvação dos irmãos e a novas ascensões na perfeição cristã. Inspiremo-nos nos exemplos de Xavier e lembremos sempre que, se quisermos ser dignos apóstolos do Evangelho, também devemos ser todos de Deus, do próximo, de nós mesmos. Somente deste modo poderemos dar a Deus toda a glória que lhe é devida" (São Guido Maria Conforti, bispo e fundador dos Missionários Xaverianos).

Oração de agradecimento

Ver página 16.

Ladainha de São Francisco Xavier

Ver página 18.

Compromisso missionário

Realizar a coleta solidária para as missões além-fronteiras.

Definir a casa da família onde se dará o próximo dia da novena.

Oração final

Ver página 20.

QUARTO DIA

São Francisco Xavier: transformado pela Palavra de Deus

(*A família da quarta casa acolhedora dá as boas-vindas.*)

D.: Nesta Novena Vocacional Missionária dedicada a São Francisco Xavier, estamos reunidos: em nome do Pai, do Filho e do Espírito Santo.

T.: Amém.

D.: O Senhor esteja convosco.

T.: Bendito seja Deus que nos reuniu no amor de Cristo.

"Que Deus me conceda o dom de me consagrar inteiramente ao serviço dele e ser para sempre seu filho, escravo e amigo" (tradução livre de palavras de São Francisco Xavier).

Oração inicial

Ver página 16.

Salmo 103,1-2.13-14.17-18

R.: Ó Senhor Deus, que todo o meu ser te louve!

1. Que eu louve o Santo Deus com todas as minhas forças! Que todo o meu ser louve o Senhor e que eu não esqueça nenhuma das suas bênçãos!

2. Como um pai trata com bondade os seus filhos, assim o Senhor é bondoso para aqueles que o temem. Pois ele sabe como somos feitos, lembra que somos pó.

3. Mas o amor de Deus, o Senhor, por aqueles que o temem dura para sempre. A sua bondade permanece passando de pais a filhos para aqueles que guardam a

sua aliança e obedecem fielmente aos seus mandamentos.

Evangelho – Mc 6,1-6

Jesus voltou com os seus discípulos para a cidade de Nazaré, onde ele tinha morado. No sábado começou a ensinar na sinagoga. Muitos que o estavam escutando ficaram admirados e perguntaram: "De onde é que este homem consegue tudo isso? De onde vem a sabedoria dele? Como é que faz esses milagres? Por acaso ele não é o carpinteiro, filho de Maria? Não é irmão de Tiago, José, Judas e Simão? As suas irmãs não moram aqui?". Por isso ficaram desiludidos com ele. Mas Jesus disse: "Um profeta é respeitado em toda parte menos na sua terra, entre os seus parentes e na sua própria casa". Ele não pôde fazer milagres em Nazaré, a não ser curar alguns doentes, pondo as mãos sobre eles. E ficou admirado com a falta de fé que havia ali.

(Momento de silêncio, ou de partilha, ou de orações livres.)

Espiritualidade de São Francisco Xavier

"A personalidade de Xavier surge para nós neste momento em toda sua grandeza, e nos faz exclamar que o Senhor é sempre admirável em seus Santos e, de modo particular, em Francisco Xavier. Admirável foi sua conversão, operada por Ignácio de Loyola, ao proferir uma simples máxima do Evangelho. Admiráveis suas ascensões rápidas rumo aos mais altos cumes da perfeição cristã, admirável seu apostolado, quer pela extensão, que abarcou uma grande parte do Extremo Oriente, quer pelo grande número de conquistas realizadas, admiráveis os inúmeros prodígios realizados por ele, a confirmar a divindade de sua missão; admirável, enfim, sua morte, acontecida no ano de 1552, na Ilha de Sancião, à vista da imensa China, por cuja conquista suspirava Xavier".

"'De que adianta ao homem ganhar o mundo inteiro, se depois perder a própria alma?' Tais palavras, meditadas de maneira profunda, transformaram Francisco Xavier, fazendo dele um dos maiores Apóstolos de que pode se gloriar a Igreja Católica. Ele compreendeu, por meio dessas santas palavras, duas grandes verdades: o nada das coisas terrenas e a preciosidade da alma humana. Compreendeu que tudo quanto o mundo possa prometer e dar – prazeres, riquezas e honras –, não é outra coisa que vaidade das vaidades e aflição do espírito, porque todos esses bens são fugazes, vis, incapazes de satisfazer o coração, portanto, indignos das aspirações de um ser feito para bens eternos.

Compreendeu que só uma coisa é verdadeiramente preciosa: a alma, porque imortal, feita à imagem de Deus e redimida pelo sangue de Cristo; salvando-se a alma, tudo é salvo; perdida a alma, tudo é perdido e para sempre. Essa grande verdade, meditada com seriedade, deu novos rumos a seus pensamentos, a seus afetos e às suas obras, transformando-o em um homem todo celestial, desejoso da própria santificação e a dos irmãos. E até que ponto isto influiu sobre ele, no-lo diz sua vida de contínua ascensão na santidade, no-lo confirmam os frutos maravilhosos de seu apostolado."

"Ao olhar para ele (Francisco Xavier), a fé se acende, porque somente uma fé divina pode produzir homens divinos; quero dizer, homens nos quais desaparece quase que por completo o que é humano e terreno e refulge apenas a obra sobrenatural daquela graça que torna divina a criatura, elevando-a até a altura de Deus.

A todos quantos dele se aproximavam, logo parecia que tudo concorria para dele formar um herói, um gênio, um santo. De nobilíssima linhagem espanhola, com reconhecida capacidade, grande coração, belo aspecto e modos distintos, era o orgulho de sua cidade natal e a glória da erudita Paris, que nele saudava o mais jovem e o mais aplaudido professor da Sorbonne. E ele, apesar de costumes ilibados entre a corrupção do ambiente em que vivia, não era indiferente ao hálito da glória que soprava a seu redor; procurava o louvor humano e sonhava com as grandezas terrenas. Entretanto, à luz de uma daquelas verdades evangélicas, que descortinam aos olhos infinitos horizontes, disse: não as quero, porque indignas das aspirações de uma alma imortal, feita para bens eternos. Somente a Deus dirigiu todos os afetos de seu coração, entregou-se ao seguimento do grande Ignácio de Loyola e decidiu, em seu coração, ser apóstolo para conquistar para Deus o mundo" (São Guido Maria Conforti, bispo e fundador dos Missionários Xaverianos).

Oração de agradecimento

Ver página 16.

Ladainha de São Francisco Xavier

Ver página 18.

Compromisso missionário

Realizar a coleta solidária para as missões além-fronteiras.

Definir a casa da família onde se dará o próximo dia da novena.

Oração final

Ver página 20.

QUINTO DIA

São Francisco Xavier: homem de Deus na santidade e servo da Igreja na fidelidade

(*A família da quinta casa acolhedora dá as boas-vindas.*)

D.: Nesta Novena Vocacional Missionária dedicada a São Francisco Xavier, estamos reunidos: em nome do Pai, do Filho e do Espírito Santo.

T.: Amém.

D.: O Senhor esteja convosco.

T.: Bendito seja Deus que nos reuniu no amor de Cristo.

"O nosso Deus é a nossa meta e somente ele nos anima, nos sustenta. Este pensamento enche-nos de confiança e esperança e, apoiados aos seus braços todo-poderosos, ousaremos tudo para a glória dele" (tradução livre de palavras de São Francisco Xavier).

Oração inicial

Ver página 16.

Salmo 66,1-5

R.: Que todos os povos louvem a Deus com gritos de alegria!

1. Cantem hinos de louvor a ele, ofereçam a ele louvores gloriosos. Digam isto a Deus: "Como são espantosas as coisas que fazes!". O teu poder é tão grande que os teus inimigos ficam com medo e se curvam diante de ti.

2. O mundo inteiro te adora e canta louvores a ti; todos cantam hinos em tua honra. Venham e vejam o que Deus tem feito, vejam com espanto as coisas que ele tem feito em favor das pessoas.

Evangelho – Lc 10,38-42

Jesus e os seus discípulos continuaram a sua viagem e chegaram a um povoado. Ali uma mulher chamada Marta o recebeu na casa dela. Maria, a sua irmã, sentou-se aos pés do Senhor e ficou ouvindo o que ele ensinava. Marta estava ocupada com todo o trabalho da casa. Então chegou perto de Jesus e perguntou: "O Senhor não se importa que a minha irmã me deixe sozinha com todo este trabalho? Mande que ela venha me ajudar". Aí o Senhor respondeu: "Marta, Marta, você está agitada e preocupada com muitas coisas, mas apenas uma é necessária! Maria escolheu a melhor de todas: e esta ninguém vai tomar dela".

(*Momento de silêncio, ou de partilha, ou de orações livres.*)

Espiritualidade de São Francisco Xavier

"Com uma tenaz vontade e dispêndio de energias que despertam a admiração de todos aqueles que analisam por um instante, trabalharam para configurar Jesus Cristo nas próprias vidas, do mesmo modo que o escultor, com golpes de martelo e formão, extrai, do bloco grosseiro e disforme, a obra de arte. De fato, para alcançar esta semelhança com Cristo, quanta violência precisaram cometer contra si mesmos, quantas dificuldades superadas, quantos sofrimentos e dores suportados no caminho da vida! Alguns tinham hábitos maus a corrigir, inclinações perversas a refrear, como Agostinho, Maria Madalena, Margarida de Cortona, mas ressurgiram de vez para uma nova vida e tornaram-se grandes na santidade. Outros, de caráter impetuoso, eram fáceis às reações, como Salésio, João Gualberto, Camillo de Lellis, mas chegaram depois a tal domínio de si mesmos que passaram a ser considerados a personificação da doçura e da mansidão. Outros sentiam exagerado apego aos bens terrenos, àquele luzente metal que endurece os corações, tornando-os cruéis consigo mesmos e com o próximo, mas depois, vencidos pela caridade de Cristo, passaram a gozar da pura felicidade de beneficiar os irmãos e por eles se sacrificaram, como João de Deus. Não poucos eram dominados pela vaidade, procuravam o louvor humano, acariciavam sonhos de grandeza terrena, como Xavier, mas depois dirigiram o pensamento e o coração para ideais mais nobres, realizações mais grandiosas e, esquecidos de si mesmos, tornaram-se apóstolos da divina glória, a quem consagraram todas suas energias" (São Guido Maria Conforti, bispo e fundador dos Missionários Xaverianos).

Oração de agradecimento

Ver página 16.

Ladainha de São Francisco Xavier

Ver página 18.

Compromisso missionário

Realizar a coleta solidária para as missões além-fronteiras.

Definir a casa da família onde se dará o próximo dia da novena.

Oração final

Ver página 20.

SEXTO DIA

São Francisco Xavier: missionário e cópia fiel de Jesus Cristo

(*A família da sexta casa acolhedora dá as boas-vindas.*)

D.: Nesta Novena Vocacional Missionária dedicada a São Francisco Xavier, estamos reunidos: em nome do Pai, do Filho e do Espírito Santo.

T.: Amém.

D.: O Senhor esteja convosco.

T.: Bendito seja Deus que nos reuniu no amor de Cristo.

"Quando eu chegava às aldeias, as crianças não me deixavam rezar o meu breviário nem comer nem dormir, pedindo que lhes ensinasse as orações. E comecei a entender por que delas é o Reino dos Céus" (tradução livre de palavras de São Francisco Xavier).

Oração inicial

Ver página 16.

Salmo 131,1-3

R.: Povo de Israel, ponha a sua esperança em Deus, o Senhor, agora e sempre!

1. Ó Senhor Deus, eu já não sou orgulhoso; deixei de olhar os outros com arrogância. Não vou atrás das coisas grandes e extraordinárias que estão fora do meu alcance.

2. Assim como a criança desmamada fica quieta nos braços da mãe, assim eu estou satisfeito e tranquilo, e o meu coração está calmo dentro de mim.

Evangelho – Mt 18,1-4

Naquele momento os discípulos chegaram perto de Jesus e perguntaram: "Quem é o mais importante no Reino do Céu?". Jesus chamou uma criança, colocou-a na frente deles e disse: "Eu afirmo a vocês que isto é verdade: se vocês não mudarem de vida e não ficarem iguais às crianças, nunca entrarão no Reino do Céu. A pessoa mais importante no Reino do Céu é aquela que se humilha e fica igual a esta criança. E aquele que, por ser meu seguidor, receber uma criança como esta, estará recebendo a mim".

(*Momento de silêncio, ou de partilha, ou de orações livres.*)

Espiritualidade de São Francisco Xavier

"*A minha vida é Cristo*, dizia o Apóstolo: '*mihi vivere Christus est*'. Nestas palavras está contido o segredo da santidade. A santidade consiste em viver da vida de

Cristo. Alguns são a imagem de seu poder, outros, de sua humildade, alguns, de sua mansidão, e outros, de sua fortaleza. O cristão é um outro Cristo. E isso nós percebemos claramente também em nosso celebrado Protetor, São Francisco Xavier. Façamos uma comparação entre ele e Cristo, modelo dos predestinados, e veremos que foi cópia fiel do Mestre. Cristo viveu desapegado de todas as coisas terrenas. Francisco Xavier, por meio de uma máxima do Evangelho, descobriu o nada, desapegando-se de tudo – da família, da pátria, das riquezas – e abraçando a pobreza de Cristo. A vida de Cristo encontra-se resumida naquelas palavras por ele pronunciadas: '*in iis quae patris mei sunt oportet me esse*'; Francisco toma como palavra de ordem de sua vida: *ad majorem Dei gloriam*. Não procura que uma coisa, a glória de Deus, torne-o conhecido entre aqueles que jazem nas trevas; para isso, enfrenta viagens, perigos, as intempéries e as perseguições do inimigo do nome cristão. Nós também, como quer o Apóstolo, temos de crescer em Jesus Cristo: *'ut crescamus in illum'*. Com o Batismo ele nos transmite sua vida, com a Crisma, a aperfeiçoa, com a Comunhão, a alimenta, com a Penitência, cura a enfermidade e acrescenta novo vigor. Cristo cresce a cada dia, a cada hora nas almas santas. Toda boa obra, todo ato virtuoso, faz Cristo crescer em nós, mas as artérias pelas quais a vida de Cristo se transfunde em nós e se aperfeiçoa são a oração e os sacramentos. [...] Francisco Xavier precedeu-vos com seu exemplo: imitai-o e ireis fazer parte da glória imortal que agora o circunda no céu" (São Guido Maria Conforti, bispo e fundador dos Missionários Xaverianos).

Oração de agradecimento

Ver página 16.

Ladainha de São Francisco Xavier

Ver página 18.

Compromisso missionário

Realizar a coleta solidária para as missões além-fronteiras.

Definir a casa da família onde se dará o próximo dia da novena.

Oração final

Ver página 20.

SÉTIMO DIA

São Francisco Xavier: contemplativo na caridade e na união com Deus

(*A família da sétima casa acolhedora dá as boas-vindas.*)

D.: Nesta Novena Vocacional Missionária dedicada a São Francisco Xavier, estamos reunidos: em nome do Pai, do Filho e do Espírito Santo.

T.: Amém.

D.: O Senhor esteja convosco.

T.: Bendito seja Deus que nos reuniu no amor de Cristo.

"Meu amigo e filho espiritual, em todos os caminhos procura e deseja ser humilhado e tratado como alguém sem importância alguma, porque, sem a verdadeira humildade, nunca conseguirá crescer espiritualmente e ajudar o próximo" (tradução livre de palavras de São Francisco Xavier).

Oração inicial

Ver página 16.

Salmo 67,2-8

R.: Que os povos te louvem, ó Deus! Que todos os povos te louvem!

1. Ó Deus, tem misericórdia de nós e abençoa-nos! Trata-nos com bondade. Assim o mundo inteiro conhecerá a tua vontade e a tua salvação será conhecida por todos os povos.

2. Que as nações se alegrem e cantem de alegria porque julgas os povos com justiça e guias as nações do mundo!

3. A terra deu a sua colheita; Deus, o nosso Deus, nos tem abençoado. Ele nos tem abençoado: que os povos do mundo inteiro o temam!

Evangelho – Jo 10,11-16

"Eu sou o bom pastor; o bom pastor dá a vida pelas ovelhas. Um empregado trabalha somente por dinheiro; ele não é pastor, e as ovelhas não são dele. Por isso, quando vê um lobo chegando, ele abandona as ovelhas e foge. Então o lobo ataca e espalha as ovelhas. O empregado foge porque trabalha somente por dinheiro e não se importa com as ovelhas. Eu sou o bom pastor. Assim como o Pai me conhece, e eu conheço o Pai, assim também conheço as minhas ovelhas, e elas me conhecem. E estou pronto para morrer por elas. Tenho outras ovelhas que não estão neste curral. Eu preciso trazer essas também, e elas ouvirão a minha voz. Então elas se tornarão um só rebanho com um só pastor."

(*Momento de silêncio, ou de partilha, ou de orações livres.*)

Espiritualidade de São Francisco Xavier

"Francisco Xavier, quando não conseguia, com a pregação, a conversão de alguma alma perdida, acrescentava noites de oração e a mortificação da própria carne, sempre alcançando os mais belos triunfos sobre as mentes pervertidas e sobre os corações corruptos. Como bem podeis ver, aqueles mais generosos pagam as dívidas dos que têm menos; nossos sacrifícios, nossas orações, conseguem maravilhas de graças, nossas penas passageiras preparam, para muitos, as eternas felicidades do céu" (São Guido Maria Conforti, bispo e fundador dos Missionários Xaverianos).

Oração de agradecimento

Ver página 16.

Ladainha de São Francisco Xavier

Ver página 18.

Compromisso missionário

Realizar a coleta solidária para as missões além-fronteiras.

Definir a casa da família onde se dará o próximo dia da novena.

Oração final

Ver página 20.

OITAVO DIA

São Francisco Xavier: discípulo do Reino na obediência e na humildade

(*A família da oitava casa acolhedora dá as boas-vindas.*)

D.: Nesta Novena Vocacional Missionária dedicada a São Francisco Xavier, estamos reunidos: em nome do Pai, do Filho e do Espírito Santo.

T.: Amém.

D.: O Senhor esteja convosco.

T.: Bendito seja Deus que nos reuniu no amor de Cristo.

"Deixar de confiar no amor e na graça de Deus seria uma coisa muito mais terrível do que qualquer luto, perda ou doença física" (tradução livre de palavras de São Francisco Xavier).

Oração inicial

Ver página 16.

Salmo 23,1-6

R.: O Senhor é o meu pastor: nada me faltará!

1. Ele me faz descansar em pastos verdes e me leva a águas tranquilas. O Senhor renova as minhas forças e me guia por caminhos certos, como ele mesmo prometeu.

2. Ainda que eu ande por um vale escuro como a morte, não terei medo de nada. Pois tu, ó Senhor Deus, estás comigo, tu me proteges e me diriges.

3. Preparas um banquete para mim, onde os meus inimigos me podem ver. Tu me recebes como convidado de honra e enches o meu copo até derramar.

4. Certamente a tua bondade e o teu amor ficarão comigo enquanto eu viver. E na tua casa, ó Senhor, morarei todos os dias da minha vida.

Evangelho – Lc 10,1-12

Depois disso o Senhor escolheu mais setenta e dois dos seus seguidores e os enviou de dois em dois a fim de que fossem adiante dele para cada cidade e lugar aonde ele tinha de ir. Antes de os enviar, ele disse: "A colheita é grande, mas os trabalhadores são poucos. Por isso, peçam ao dono da plantação que mande trabalhadores para fazerem a colheita. Vão! Eu estou mandando vocês como ovelhas para o meio de lobos. Não levem bolsa, nem sacola, nem sandálias. E não parem no caminho para cumprimentar ninguém. Quando entrarem numa casa, façam primeiro esta saudação: Que a paz esteja nesta casa! Se um homem de paz morar ali, deixem a saudação com ele; mas, se o homem não for de paz, retirem a saudação. Fiquem na mesma casa e comam e bebam o que lhes oferecem, pois o trabalhador merece o seu salário. Não fiquem mudando de uma casa para outra. Quando entrarem numa cidade e forem bem recebidos, comam a comida que derem a vocês. Curem os doentes daquela cidade e digam ao povo dali: O Reino de Deus chegou até vocês. Porém, quando entrarem numa cidade e não forem bem recebidos, vão pelas ruas dizendo: Até a poeira desta cidade que grudou nos nossos pés, nós sacudimos contra vocês. Mas lembrem-se disto: o Reino de Deus chegou até vocês". E Jesus disse mais isto: "Eu afirmo a vocês que, no Dia do Juízo, Deus terá mais pena de Sodoma do que daquela cidade".

(*Momento de silêncio, ou de partilha, ou de orações livres.*)

Espiritualidade de São Francisco Xavier

"Os Santos que alcançaram os mais altos cumes da perfeição não se dão, porém, por satisfeitos com isso: eles experimentam o sublime êxtase do sofrer; com o Apóstolo Paulo, exclamam: *Superabundamos de alegria em todos os sofrimentos*. Eles, juntamente com São Francisco Xavier, à chegada das provas mais difíceis, generosamente dizem a Deus: 'Mais, Senhor, ainda mais!'. Isso porque são animados pela mais pura e ardente caridade, que os leva a procurar, em tudo, a aprovação de Deus, e a se tornar um em Jesus Cristo. Compreenderam a santa loucura da cruz, em toda a sua extensão, que o mundo, envolto nos prazeres dos sentidos, nunca poderá compreender." "Então teremos por eles (os Superiores) e por sua obra todo o devido respeito. Uma palavra deles, um desejo, um voto, todo o complexo de sua orientação será, para nós, como uma ordem. Assim agia São Francisco Xavier, que, a um gesto de seu pai, Santo Inácio, teria abandonado, sem duvidar, todos seus grandiosos projetos de conquistas cristãs, até mesmo se afastando para sempre do campo do apostolado. Assim fizeram outros Santos que, nas ordens de seus Superiores, reconheciam a vontade de Deus e as amorosas disposições de sua Providência. Imitemo-los, se quisermos nos salvaguardar das sutis insídias do amor próprio, que nos impelem sempre a antepor nossa vontade à de Deus, com perda do merecimento que poderíamos adquirir a seus olhos" (São Guido Maria Conforti, bispo e fundador dos Missionários Xaverianos).

Oração de agradecimento

Ver página 16.

Ladainha de São Francisco Xavier

Ver página 18.

Compromisso missionário

Realizar a coleta solidária para as missões além-fronteiras.

Definir a casa da família onde se dará o próximo dia da novena.

Oração final

Ver página 20.

NONO DIA

São Francisco Xavier: missionário além-fronteiras, "formado segundo o coração de Cristo" nas dificuldades e nos sofrimentos

(*A família da nona casa acolhedora dá as boas-vindas.*)

D.: Nesta Novena Vocacional Missionária dedicada a São Francisco Xavier, estamos reunidos: em nome do Pai, do Filho e do Espírito Santo.

T.: Amém.

D.: O Senhor esteja convosco.

T.: Bendito seja Deus que nos reuniu no amor de Cristo.

"Sempre tenho na minha mente, no meu coração e dentro dos meus olhos estas palavras: devemos na sabedoria conquistar a nós mesmos, afastando da nossa vocação qualquer medo e ansiedade que possam impedir o crescimento da nossa confiança em Deus" (tradução livre de palavras de São Francisco Xavier)

Oração inicial

Ver página 16.

Salmo 26,1.4.7-8

R.: Senhor, faze-me justiça, pois tenho caminhado com retidão.

1. Ó Senhor Deus, declara que estou inocente, pois faço o que é certo e confio inteiramente em ti.

2. Eu não ando na companhia de gente falsa e não vivo com os hipócritas, mas sim cantando um hino de gratidão e falando das tuas obras maravilhosas.

3. Ó Senhor Deus, eu amo a casa onde vives, o lugar onde está presente a tua glória.

Evangelho – Mc 1,14-20

Depois que João foi preso, Jesus seguiu para a região da Galileia e ali anunciava a boa notícia que vem de Deus. Ele dizia: "Chegou a hora, e o Reino de Deus está perto. Arrependam-se dos seus pecados e creiam no Evangelho". Jesus estava andando pela beira do lago da Galileia, quando viu dois pescadores. Eram Simão e seu irmão André, que estavam no lago, pescando com redes. Jesus lhes disse: "Venham comigo, que eu ensinarei vocês a pescar gente". Então eles largaram logo as redes e foram com Jesus. Um pouco mais adiante Jesus viu outros dois irmãos. Eram Tiago e João, filhos de Zebedeu, que estavam no barco deles, consertando as redes. Jesus chamou os dois, e eles deixaram Zebedeu, o seu pai, e os empregados no barco e foram com ele.

(Momento de silêncio, ou de partilha, ou de orações livres.)

Espiritualidade de São Francisco Xavier

"Todos os que são compelidos por esta fome e sede (de justiça) serão saciados, porque, no caminho da perfeição cristã, Deus lhes estenderá a mão, os confortará, os atrairá a si por caminhos admiráveis e satisfará todas as aspirações de seu grande coração. Acontecerá, com eles, o que escreve o Salmista Real, isto é, que a alma percorre, com passos de gigante, o caminho dos preceitos divinos, quando Deus o amplia com o sopro de sua graça: *Viam mandatorum tuorum cucurri cum dilatasti cor meum.* São Francisco Xavier também viveu essa experiência e, no meio das dificuldades do apostolado, sentia tamanha abundância de felicidade que o obrigava a dizer a Deus: "*Satis, Domine, satis, satis!*" – "Basta, Senhor, basta!" (São Guido Maria Conforti, bispo e fundador dos Missionários Xaverianos).

Oração de agradecimento

Ver página 16.

Ladainha de São Francisco Xavier

Ver página 18.

Compromisso missionário

Realizar a coleta solidária para as missões além-fronteiras.

Oração final

Ver página 20.

Oração a São Francisco Xavier, padroeiro das missões

São Francisco Xavier, tu és apóstolo,
testemunha do amor que, na fé,
edifica a Igreja e semeia o
Evangelho da Paz.
São Francisco Xavier, tu és missionário
com zelo e coragem, com humildade
e sabedoria,
com aquela fidelidade que é
epifania de Deus
que age em nós, discípulos.
São Francisco Xavier, tu és um verdadeiro exemplo
e a tua conversão nos ensina
que o desejo
mais profundo dos povos do mundo
é reconhecer o amor de Deus Pai,
que enviou seu Filho para nos salvar.
São Francisco Xavier, teu carisma é vivo
em nós,

tua intercessão suscita vocações
e tua esperança acompanha a nossa
encarnação,
na missão de uma Igreja samaritana,
acolhedora,
vocacional e missionária,
aqui no Brasil e além-fronteiras.

(*Padre Gabriel Guarnieri, SX*)